JN410910

봄밤을 마신다

한국작가 작품선 · 15

봄밤을 마신다

박수희 시집

한국작가출판부
지성의 샘

□ 첫 시집을 내며

여름은 비를 몰고 다니다 아름다운 무지개를 선물처럼 이 세상에 걸어 놓기도 하는 그 여름에 나는 태어났다. 그래서인지 비를 좋아하고 즐긴다.

여름만이 가진 무성한 생명력, 그 굵고 두터운 빗방울 소리는 베토벤 운명교향곡처럼 내 마음의 건반을 두드리고 지나간다.

소나기가 닦아놓은 동쪽 하늘에 곱게 태양이 필 때 말갛게 세수한 꽃잎을 만져보면 빗방울 따라 그곳에 내린 하늘의 살결이 전해져 오고 이슬 한 방울 한 방울 속에 꼭꼭 들어찬 수천 수만의 우리들 웃음이 햇살 방울로 영글었음을 알 수 있다.

내 마음의 방문을 열면 구름을 오려 와서 시를 접다 구겨놓은 것, 물살을 건져와 시를 수놓다가 헝클어진 것, 물소리 퍼 담아와 시를 만들다 엎질러진 것, 그렇게 시는 유리구두를 신고 달아나곤 했다.

그럴수록 맨발로 지구를 신고 다니며 시를 향해 가는 그리움은 놓아본 적이 없었다.

하나하나 붙잡아 첫 시집을 엮어 어린 토끼들을 조심스레 세상에 풀어 놓는다.

2007년 8월 저자

깔끔한 수채화

김 건 중

(소설가 · 한국문인협회 부이사장)

박수희 시인을 만난 것은 우연이었다.

내가 경기도문인협회 회장을 맡을 때 이웃동네 문학동아리 초청으로 잠시 들렀다가 만난 것이 계기였다. 그후 내가 출강하는 '문예대학'에서 박수희 시인은 그 바쁜 틈에도 시간을 내어 수강을 하고, 이런 저런 지역 백일장과 경기도에서 여성글짓기대회로는 제일 권위가 있다는 경기도 기 · 예경진대회 백일장에서 최우수로 입상하여 숨은 문학적 역량을 검증받고 시인으로서의 자질을 인정받은 것이다.

그리고 이런 과정을 통해 용기를 얻은 박수희 시인은 계간「한국작가」신인상에 응모하여 당선되었고, 아울러 명실공히 등단하여 이 나라의 시인으로 거듭 태어난 것이다. 바꿔말해 탄탄한 습작과 객관적인 검증을 통해 문단에 나왔다는 이야기다.

이러한 박수희 시인의 시세계는 가끔 경이로움을 느낀다. 사십 중반을 넘긴 나이임에도 소녀 못지않은 예민한 감성으로 가득 차 있다. 조그만 일에도 가슴을 열어 기뻐하고 조금 우울한 이야기에도 마음 아파할 줄

아는 심성이 고운 여성이다. 그래서 박 시인의 시를 읽다보면 읽는 사람의 감성까지도 예민하게 만들어 놓는 마력을 발견할 수 있다.

그리고 시어의 선택 또한 예사롭지가 않다. 기존에 물들어 있는 시어를 위한 시어, 인위적으로 만들어진 시어, 그렇게 해야 될 것 같아 보이는 만성화된 시어가 아닌 박 시인만이 지닐 수 있는 연약한 것 같으면서도 힘이 있고, 그런가 하면 어느새 그것이 상징적 의미로 둔갑되는 시어를 구사하는 것이다. 이러한 시적 변형은 놀라움에 앞서 박 시인이 천부적 소질에서 비롯된 것이 아닌가 하는 생각을 하게 된다.

그러나 천부적이었건 후천적이었건 우리에게 보여지는 표현된 언어는 충분한 시로서의 생명력을 지니고 있으니 상당하다는 생각을 하게 된다. 아무튼 이런 감성이 넘치고 읽는 맛이 나는 깔끔한 수채화 같은 박수희 시인의 시는 독자의 가슴에 잘 용해되어 공감대를 끌어내는 그런 시라고 말하고 싶다. 다만, 굳이 지적한다면 집착된 사고의 영역에서 벗어나 보다 넓은 시세계를 확보했으면 하는 아쉬움이다.

어쨌거나 이런 감성이 풍부한 시인이 우리 주변에 있다는 것은 행복한 일이고, 그 행복이 결국은 우리가 살아가고 있는 세계를 아름답게 가꾸어 준다고 믿고 싶다. 그런 의미에서 박수희 시인의 첫 시집 출간을 진심으로 축하하며 더욱 정진하여 대성하기를 바란다.

2007. 8. 4

차례

1 햇살을 튕기는 지느러미

2 동생은 별로 뜨고

3 그리움은 무지개를 타고

4 꿈은 바다 건너에서 춤추고

5 그네 위에서 바라보는 언덕 저편

1

햇살을 튕기는 지느러미

사월이 내리는 강가

솟는 해가 풀어 놓은
싱그런 황금물감을
발가락에 듬푹 찍어
붓질하는 해오라기

해오라기가 그려놓은
귀여리 강가 이 화폭에
주절이 주절이 열린
이 마을 전설과

곱게 밀려온 사월이
들꽃 산꽃을 피워
덧칠을 하고 있다

감자꽃

깊은 산골
내 고향에는
대낮에도
별이 쏟아진다

손때 묻은
바가지로
푹푹 파서
뿌려 놨는지
꽃별강이
밤낮으로 흐른다

내 고향 유월엔
쏟아지는
감자꽃 웃음으로
온갖 시름
날려 보내며 산다네

봄밤을 마신다

꽃 빛깔
달 빛깔로
무르익은 봄을
사뿐히 이고 들어선 밤

백자 술잔에다
해묵은 진달래술을 따르니
둥근 달이 먼저 내려와
술을 마신다

마시다가 마시다가
너무 취해서
속눈썹 내리덮고
잔 속에 잠이 들면

동동 뜬 둥근 달을
잠든 그대로
아무도 몰래
내가 마신다

월척

출렁이는 하늘강에
팽팽히 당겨진
낚싯대 드리우고

마음의
바구니를 들고
기다리는데

힘찬 느낌

아자차
휘어 당기면
퍼덕퍼덕
올라오는

초승달

녹색 향연

오월을
그려 넣는 바람아
탁한 피가 도는
내 살 속도
바꾸어 다오

때낀 마음 헹구어 내고
잎잎에 피가 돌아
푸른 잎새로 돋아나게

진달래 꽃 그려놓고
깨어나는 바람은
수림에 쏟아져
낮꿈을 꾸고

햇살은 지즐대며
녹색 위로 흐른다

자목련

하늘에 사는 소녀야
울렁이는 가슴
감당을 못해

밤 사이
어른들 몰래
마실 나왔니

담장 위에
얌전히
벗어 놓고 간
어여쁜 꽃신

하늘 우물

입춘 바람의
송곳이
뚫어 놓은
얼음 구멍 우물에

하늘의 시들이
쏟아져 내린다

손가락으로 건드리면
디잉
가얏고 소리가 나고
우물 아래로
가만 들여다보면

달이 첨벙
별이 첨벙

물소리를 앞세우고
분원 강가에
동면을 풀고 있다

마음꽃

마당귀에
배달된 눈꽃 편지

꽃송이 한 줄 한 줄
시기 질투
배운 적 없어

오직
하얀 마음
하얀 몸으로
인사를 하는 이 아침

눈꽃 편지를 받으며
마음을 헹구고
헹구어 낸 마음의 거울을 닦는다

노루귀꽃

밤마다 머리맡에
촛농처럼 쌓이는 달빛

조심조심 민둥 오름에
새살 돋던 경칩녘인데요

시샘의 늦은 폭설로
허리 짧은 노루귀꽃
바람끝으로 고갤 드네요

머리채 모두 뜯긴
칠사산 자락에

툭 차고
기립한 자리
파설초 향기 절로 매섭네요

낮 달

찔레꽃이
밥풀처럼
흩날리던 날

울면서
내 팔에
매달리던
달팽이 같은
저 여자는

풀섶에
떨어뜨리고 간
빛 바랜
손거울이어라

유리그릇

투명하고 순수한 몸매
조금만 건드려도
깨어질
물오른 처녀다

이 빠지고 금이 가면
버림받을 운명이라며
딸아이가 부엌에서
정성들여 닦은 그릇에

햇살이 가득 고여
참방거리고
바람도
술래잡기하며
그 속을 맴돌고 있다

오월 아침

동그라미 굴려서
세 살박이 눈 속으로
뜬 아침

갓핀 장미송이
맑은 눈빛에

달려온 호박꽃이
날개 멎고 움찔하는

갓핀 아이 눈망울에
내 눈빛이 닿는 순간

아이의 눈망울은
풀섶 이슬로 굴렀다

수 틀

거뭇한 수평선
울타리 둘러놓고
너울지는
샛바람에
꽃망울
한 땀 한 땀
바닷길에

봄을
수놓는 동백꽃

산골 아이

산골 마을
훈이네 집 우물에
앞산이 뒷산을 업고
한나절을 놀다 가면

큰 산이 작은 산을
무릎에 앉혀 놓고
저녁 별들도
엄마 손잡고
훈이네 우물로 내려와
도란도란 속삭인다

슴벅 슴벅
훈이가 잠이 들면
아기별들은
그 꿈속에 날아와
자장가 불러주고

훈이의 고운 꿈은
우물 안 가득 별로 반짝인다

연꽃

두물머리 강가
시리도록 하얀
속살 여미고

열아홉 살
선녀 웃음으로
피는 꽃을

달님이
몰래
훔쳐보고
얼굴 붉히고 있네

연둣빛에 취한 오월

칠사산 아래
햇살이 모여 앉아
연둣빛 물을 빚는다

햇님이
그 물을 받아
고운 체로
항아리에 걸러내면

그 빛깔에
바람이 취해
비틀비틀

들로 산으로
엎지르고 다닌다

혼자 사는 달

어스름 회색 시간
어둠살 묻은
달 정거장에

환하게 길이 있어
어머니가 마중 나오고
나도 그곳에 산다

늘
시린 바다
구름 커튼 속으로

누가
몰래 박아 놓았나
저
달 장아찌

임신한 달

창호지 언뜻 우려
무릅한 빛무리
슴슴 스며 넣었나

몰래
들여다본 달 속에
아기 숨소리 들린다

발가락이
꼼지락거리고
배냇짓도
한창이고

초음파로
들려오는
아기 숨소리

세상 멀리
바람 타고
파도쳐 온다

당신이 있어 세상은 아름답다

시집간 새댁은
보름달 보고 울고

딸이 보고픈 엄마는
우물 들여다보고 울고

뒤꼍에 걸어 둔
달님도
한밤 내내 흘린 눈물로

달무리를 만든다

별을 기다리는 아이들

햇님이
돌돌 말아 놓은
노란 실타래를 풀어 놓으면

아이들은
별을 주우러 하나 둘씩
따스한 실타래 속으로
모여 들고

노란 웃음 흘리며
한참을 놀다가
하나 둘씩
실타래 속을 빠져 나온다

땟국물 낡은 옷소매에
한 아름 별을 안고
아이들이 돌아간 뒤

혼자 남은 바람이
심심하여
빈 그네 줄만
툭툭

건드리고 있다

오늘도
아이들 웃음을 채워주려
밤하늘 가득 별이 열린다

일상의 단상

목현동 산행 길에 만난
산나리 꽃 두 개
화분에 옮겨와
베란다 한켠에 놓았다

조신한 차림 늘씬한 몸매
단아한 매무새로 서 있더니만

가만히 눈 뜨는 햇살에
목덜미가 간지러운지
제법 큰 웃음 웃고
바람이 손뼉을 치고 지나는지
서로 맞부딪쳐 보기도 하고

입도 쩍쩍 벌려
하품도 하면서
장난이 한창이다

가만히 웃기만 하던
벽시계도
주홍 손가락으로 풍금을 치고
나도 덩달아

햇살을 퉁기며
마음 풍선을 띄웠다

은은한 향기는
집안을 들었다 놓았다 하면서

꽃신

올망졸망 산들이
울타리처럼 둘러싸인
산골 마을

이마에 꽃타래
땀을 훔치고
수줍은 각시
버선코 닮은
난
꽃신 신고
풀꽃소녀 각시된다네

연분홍 미소로 오므린
조그마한 입
긴 하품 하늘로
구름을 타고
우주를 돌아
숨가쁘게 내게 온 추억

댓돌 위에
빛 바랜 신발 한 켤레
어머님의 땀 냄새

향기로워라

젖어오는 속눈썹 사이
싸릿문 보니
친정집 마당엔 나 혼자이네

새벽

서재를 들어서니
창문이 반쯤 열려 있네

보름달은 먼저 들어와
누워 있고

별님이 삼박 삼박
까치발로 내려오네

망을 엿보던
당나라 중신애비
구름 문구멍 뚫고
내려다보는데

고시랑 고시랑
달님과 별님
동침을 풀고
창문으로 도주하네

그들의 정분을
한지에 옮긴 나는
지문을 찍어
낙관을 꾹 누른다

반 달

구름밥이
식탁으로 내려오는
파란
접시 위에

한 입 베어 물고
남은
단무지 한 조각

누구도 손댈 수 없는
반달로 떠 있다

목련 · 1

시청 뜨락에
태어난 지
일주일이나 됐을까요

아기토끼들이
목련 꽃망울을

엄마 젖가슴인 양
대롱대롱 매달려
먹고 있어요

오가는 이
귀여움 받고
젖살이 뽀얗게 오른
토끼들이

어느 날인가
지상으로 폴짝폴짝
하나 둘
모두 떠나간 뒤에

목련나무는

천 개도 넘는
파란 잎을 흔들며

떠나간 아이들 돌아오라고
부르고 있어요

목련 · 2

잠들지 않아도
세상 꿈을 꾸는 밤
밝기도 하여라

마른 가지 끝에
실을 토한 누에고치

바람이 풀어낸 명주실 다발
달빛 어루는 춤을 추네

오랜 기다림
장삼자락 풀어
출렁이는 봄밤을

바라만 보아도
목련의 옷자락 끝으로
떨어지는 달빛

낮에 웃던 모습이
꿈인가 하네

목련 · 3

하늘을 날던 학이
꽃으로 벙근걸까

하늘에서
놀던 선녀가
떨어뜨린 버선일까

꽃구름 뜯어먹던
토끼일까

앵무새 부리처럼
꼭 다문 입술

반짝
웃는 웃음

목련 · 4

목화솜 이불 덮고
잠만 자는 여자를
흔들어 깨우는 어느 날

솜털 보송한 알몸이 드러났다

여자는
알몸을 드러낸 채 화장을 하고
여왕이 되어 있을 때

부드럽게 빗어내린 햇살이
여자의
침실을 기웃거릴 때

곁눈질로 보던 바람이
질투가 생겼는지
앞 다투어
여인의 손을 잡아준다

봄 검거

감초당
약국 사거리

갈라진 좌판 위로
봄이 내려앉는다

무갑산 산골에서
불려 나왔을까

시장 입구는
술렁거리기 시작했다

무단횡단으로
도로를 점거하는

봄을
검거하다

유년

초저녁
분꽃 향내가
유년의 보따리 안고
싸릿문 밀고 들어선다

말강한 물집 속 눈망울엔
너의 얼굴이 새겨져 있고
유유히 자맥질하는 물결엔
그들의 이름이 스쳐간다

유년의 연못
긴 막대로 휘저어
깜장
고무신 짝 찾는다

하늘이
청동거울처럼 깊은 날
장독대 뒤
봉숭아 찧어 싸매 주고
산마루 찾아
숨박꼭질할 때
다래 넝쿨에 채여

나동그라지던 곳

그 하늘엔
수많은 시간 날아온 나비들
날개 단 듯 날아올라
별자리로 빛나고 있다

초승달 하나 걸어둔
야위어 가는 이 밤

해풍

푸른 명주필
어깨에 둘러메고
달려오는 저 춤꾼들

둥실둥실 춤을 추는
혼불의 두루마기

자늑자늑 잦아드는
함박 꽃송이 송이를
사방 천지
흩뿌리고 있네

온몸을 휘감다
그대로 얼어
멈추어 버린
해변의 여인

바닷속
푸른 붓 훔쳐내
눈 내리는 겨울 바다
수묵화에 가둔다

2

동생은 별로 뜨고

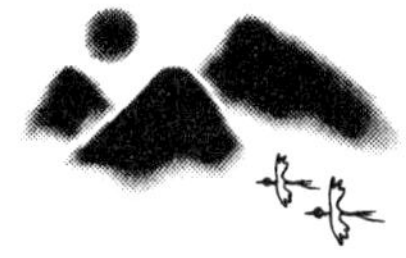

신발 한 켤레

내 동생이 벗어 놓은 가슴일까
봄 하늘은
시리고 파랗게 얼어 있다

그 무엇으로도 열 수 없는
깊은 가슴속에 있는
너

아린 멍치 끝으로
잉크를 짜내어
갈 곳 없는 눈발로 편지를 쓴다

얼음송곳 같은
이 봄

너의 생애만
통째로 날개를 접은 채
사진 속에 갇혀 있구나

살아서 벗어 놓은
호적등본 같은
신발 한 켤레

나의 봄 속에
잎새 잃은 나무로
말없이 섰구나

찔레꽃

목이 긴 봄날
어쩌면 저렇게
하얗게 피었는지

한낮의 고요를
휘저으며 울고 있다

잊혀질까
불러보는 너의 이름
구름 속에서 흰 가슴 열어
우는 꽃

잘도 참고 살아온
울음보가 터지듯
찔레꽃이
수북수북 떨어진다

폭풍의 바다에서

어두운 벽장 구석
가슴으로 안아
먼지 털어낸 사진 한 장
우리 아가

언제부터인가
뚝뚝 떨어지는 절망으로
너를 보았지

촘촘하게 박음질해 둔
어머니 바다에
돛대 없이
거꾸로 가라앉은 너

성긴 눈처럼 휘날린 모래바람
찔레꽃 기다림은
오늘도
돌덩이를 머리에 이고

긴 한숨으로
더워진 녀석 이름 앞에
나오는 길을 물어
이정표를 세워 보자

노란 봄 토해
초록으로 물들인 오월
가슴부터 젖는 핏비이던가

내 남은 몇 점의 살
더 태우기 전에
가로놓인 혼돈을 뛰어 넘어가
널 찾아
돌아오는 간절한 기도

건드리면 눈물이 될
너의 책상을 보며

인연의 끈
엎드려 쉽고

마음껏 젖게 하리
폭풍의 바다에서

오늘도 난
너에게로 헤엄을 친다

하늘로 이사를 간 너

흰 구름은 너와 함께
산 위에서 놀다가

달 속에
줄을 매어 놓고
그네를 타고 있네

흰 바지 저고리
은하수까지 오르면
흰 들꽃을 꺾어와
눈부시게 뿌려 주고

태양으로 오르면
밤알도 구워 와서
내게 주는 너

땅에서 위로 올라가는
햇살은 내 가슴이란다

36개의 봄

노오랗게
하늘이 금이 갔다

문설주 밖에서
손 차양 펴고
누나 누나야
찾으며 부르던
내 동생 목소리가
햇살을 타고 풀려 내리는
이 봄

다시는 들을 수 없는
너의 목소리
내 가슴 속에서
물방울 되어 흐르는 눈물에
목련을 못 본다

동생이 덮고 잔 이불

하늘의 솜털이불
누가
누비어 놓았을까

파란 천 위에
하얀 무늬
뭉게뭉게 누빈

뽀얀 이불 위로
비행기 한 대가
수를 놓고 지나간다

오늘밤
보송보송한
저 이불 속엔
누가 잠들까

아마도
하늘에 사는
내 동생이 덮고 잘 거야

이별 전입신고

가슴 깃에서
떨어져 나간
동생이란
단추 한 알

한밤 내 신열에 떠
더듬어 찾았지만
추억의 실밥만
매달려 있을 뿐

그 누구도
대신할 수 없는
빈자리 매만지다
옷장에
너를
걸어둔다

영영
고칠 수 없는
가족이란 정장 한 벌

자식을 앞세운 아버지

칼바람 불고
서리 쓴
하얀
얼굴 따라

넘어지고
쓰러지며
술잔처럼 부딪치며
살아가는 길에

바람 꽃
바람 나비가
들려주는 풀피리 소리

무거운 발등
풀 울음 한 포기에도
한 잔
이슬이 고인다

그리움

누가
이 안을 꺼내 놓아
너를 그리도
생각나게 하는 것인가

어둠 끌어 덮은 세상은
순한데

퍼즐 찾아가듯
가다 보면
한 조각도 찾지 못하고
되돌아 오는가

길 너머 산 너머
멀리멀리 꼭꼭 숨은
너

천 만결 바람
물살에도
그림자 지워지지 않는다

하늘 피리

하늘이
바람으로 피리를 불면
가지 끝 바람은
음표처럼 매달려
가늘고 강한 떨림 따라
일제히 춤을 춘다

바람은 하늘의 건반

오늘
바람으로 부는 하늘 피리는
나보다 먼저
하늘 나그네로 흘러가는
네가

그곳에서
가슴으로 부르는 노래였구나

집 착

꺽꺽 숨이 막히는 듯
심장에 콕콕 박혀 있는 너

보낼 것 보내지 못해
바람이 부나보다

하루 종일
시시때때
수북수북 털어내면서

서너 차례
가을이 지나갔는데

이 가을엔
꼭 보내주라고
바람 부는 데도

해일처럼 밀려오는
너의 이름

쓸어도 쓸어내도
기억의 상처는
자라는가보다

3

그리움은 무지개를 타고

꿈꾸는 섬

텅 빈 들녘에
그대
바다로 밀려와서

하얀
꽃잎배 위에
내 영혼 태우고

노을빛 물든
꿈의 섬으로
노를 젓는 그대

나
그대 푸른 가슴에 기대어
이렇게 영원히
흐르고 싶어라

텅 빈 가슴에
소리 없는 바다로 와서
내 영혼을
출렁이는 그대여

촛불

저만치에서
바라보면
어둠을
살라먹고
홀로 핀
아름다운 꽃

가까이서
들여다보면
영혼을
물어 뜯는
눈물로 울고 있는 꽃

잠 못드는 밤에

달이 비집고 들어와
내 마음의 심해를
마구 흔들고 있다

흔드는 그 바람결에
잡히지 않는
파도 소리 밤을 썰고 또 썰면

무겁게 짓눌린 달빛만
천 만 가닥으로 나뉘었다가
도로 붙는다

한 잎 고요로 멈춰지지 않는 밤

바라보던 까만 밤이
하얗게 되면

나는
거울에 인화된 사진을 본다

미련 파일 뭉치

달도 가슴을 비우고
야위어 가는 이 밤
포도주 잔을 기울인다

쏟아져 내린 지난 시간
주워 담으려 하니
왈칵
목젖만 밀어 올리고

술잔이
비어 갈수록
채워지는 마른 그리움

흘러간 시간들은
마셔보아도
취하지도 않구나

마셔도 마셔도
고개 드는
지울 수 없는 기억 한 장

처음 사랑

내 영혼 깊이깊이
흔들어
강을 만듭니다
아무도 없는 강에
완벽한 익사 사건
하늘 신문에만
실려 있습니다
탐스런 유혹은
서로를
빠트려 놓고
밤 하늘의 별로
떠
있습니다

기다림
―영은미술관

봄 햇살에 데워진
엉겅퀴 꽃이
솜사탕처럼 부풀어
가벼워지더니

노란 침이 달린
화살촉을
바람에 실려
날려 보낸다

이곳으로 날아온
또 다른 씨앗은
한 자리에
뿌리를 내리고

하늘로 올라가는
노란 철탑을 세웠다

꽃 침

꽃이 피기까지
퉁퉁
부은 이 몸은

꽃 빛깔에
찔리고서야
날개가 돋아났습니다

그래서
봄날엔

나는

꽃침을
맞아야 합니다

아카시아 꽃

오월
셋째 주였어요

온산 가득
하얗게 풀어놓은
비누 거품은

사륵사륵
내 마음으로 와
눈이 되었어요

뽀드득
뽀드득
발자국 찍고 온 그대

오월이 오면
내 마음 이렇게
눈이 내리고

그대는 발자국으로
꽃을 새기지요

한 그루
아카시아 나무로 서서
내 마음의 때를
하얗게 씻어주는 그대

올해에도
오월을 한아름 꺾어
내 마음 화병에 꽂습니다

밤 꽃

유월이면
훤칠한 그 사람
주소 없이 찾아오는
산길

망초꽃 흐드러지고
시냇물 뽀얀 속살
눈웃음 기웃기웃
사립문 넘어 오면

분칠하던 여인네
한 발짝도 옮길 수가 없네

꿈이여라
밀려오는 환청
이대로 시간이 멈추었으면

지금 밖은
온통
마음까지 다 보이는
발가벗은 대낮

봄 · 1

씨앗으로 묻어둔
그리움이
일년에 한 번씩
싹을 틔운다

춤추는 잎새들
피를 돌려
심장으로 뛰고

보고픈 님의
보이지 않는 얼굴을
가만 사려 안으면
꽃으로 피어난다

봄·2

초록 보퉁이 지고
저만치 오고 있는데

임인가 싶어
안달하고 서 있네

오랜 세월 공들인
저 솔빛으로 만나질까

노랗게 길을 튼
연둣빛 머릿결을

봉당에
끄댕겨 놓고
내 살 속으로 슴슴 스민다

마음의 건반

내 마음은
피아노 건반
두드리는 손끝 따라
음색이 다르다

천연 무위의 음율도
가슴속으로
붉게
번지고 스며들 뿐

누가
그 소릴 꺼내 주려나
혀를 깨물며
조율해도

돌돌 말린 손이
건반을 두드리면
팅팅팅…

다른 음율로 튕겨 나오는
내 마음은
정녕
누구의 손인가

마음 안에 켜 놓은 촛불

일 보 곁에
가까이
그대 있어도
나는 언제나
만 보의
먼 그리움으로
당신을 생각합니다

만 보의
멀리 멀리에
그대가 있다 해도
나는 언제나
일 보 가까운 사랑으로
당신을 생각합니다

달과 연꽃

당신 그리는 마음
아무 곳에나 내릴 수 없어
물 위에 내립니다

꽃이라고
마음 흔들어 주니
당신인가요

흔들리는
마음까지 보여주니
사랑인가요

호수 위에 뜬
제 꽃 향기는
당신께 들켜 버리곤

동그랗게
연꽃으로 휘었습니다

꿈꾸는 바다

하얀 맨발로
곤두박질쳐 찾아왔다가

다시
떠나가는
귀에 익은 너의 쉰 목소리

얼마나 더
가슴이 출렁여야 하는지

끊임없이
품었던 그리움을

모두
털지 못해

다시 찾아오는
저 몸짓

아직도
사랑을 꿈꾸는 바다

월매에서

그리움이
노을되어
하늘을 불사르고

내 영혼의
날빛 바다엔
밀려든 하얀 파도가
진홍색으로 익어
아리아리 부서진다

기억을 찌르며 다가온
시간 앞에
낯설은 저녁은
날개를 꺾어 버리고

조각난 그리움은
호롱불 아래
타오르는
술잔이 되었네

포장마차에서

파발교 사거리
초저녁에
전복껍질 위로
불빛 무지개가 뜬다

이슬 한 잔 한 잔이
전복껍질 속으로
소복소복
쌓이고

씨억 씨억한
내 심지 위로
굵은 별 쓸어 모아
목걸이를 만들어 보는데

포장마차
뚫린 천장으로
날려보낸 말들

또 다시
하늘로 올라 별이 된다

초원 · 1

그대
가슴 위에 핀
난
들꽃

떠남이 없는
영원한 들녘에
다소곳이 피어

언제든
그대 품에 안겨
오직
그대 위해
웃음 짓고
하늘거리는

초원 위에 핀 들꽃

초원 · 2

당신은 드넓은 초원
비가 오는 날엔
난 어김없이 초원으로 달려가고
어디든 내 걸음 멈추어지면
그곳엔
들꽃 향기 가득한
당신이 서 계시죠

푸른 날에는
바랭이로 사랑을 하고
어두운 날에는
엉겅퀴로 사랑을 하고

간혹
돌부리에 채어
당신 허리춤을 잡을 때면

하늘에선
종다리 깔깔 거리고
냇가에서
입맞춤하면
송사리떼 물 속에서

얼굴 빨개지네

나는 소나기
당신은 초원
오늘도 먹구름 데려와
쏟아붓는 시편(詩篇)들

오 해

빗장 걸어 잠그고
술 담그던 날

농익은 과일 행여 뜰까
목근한 얼그미 지질러 두고
재워 놓았다

올된 매듭이 터지려면
시간이 가야 해요

기다림 참지 못해
흔들지 말아요

단내 나면
제 알아서 열죠

지금은
시간이 필요할 뿐

연

당신의 연줄에 매달린
종이연

감고 푸는
사랑에 매달려
춤을 추며
하늘을 날으는 연

당신이
당겨 주는 줄에서만
축제를 여는
작은 새

당신 숲에는
하마
종이연들이
새떼가 되어 날고 있습니다

술의 여왕

술은
삶의 아픔을
잠재우는 흔들의자

취함은
꿈을 줍는 신기루
잔 속의 무도회

고뇌는
최상의 안주감

거품에 돛 달고
섬으로 데려간다

섬 속에서
가슴을 열고
팔을 벌리면
어느새
여왕이 돼 있는 나

사는 이유

홍련암
벼랑 끝에
둥지를 튼 소나무 한 그루

단청 털어낸 바다에
오감을 느끼는
소나무는
이제
벼랑이 무섭지 않다

바위의 올곧은 마음이
함부로 뻗지 않는
뿌리를 잡고
놓지 않는다는 것을

너는
알고 있다

파도

바다
그 바다는 오늘
무슨 그리움 있기에
구름도
하늘도
한 품에 안고
쏴아…
하얗게 일어서서
갯가까지 왔다 가는
츠르르…
누군가를 부르며
돌아가고
그래도 못 잊어
또 다시
달려오는 바다
왔다 가는 또 그렇게
츠르르…
메아리만 남기고 가는 바다

보시어요

내가
태어난 곳은
하늘이 담긴
신비스런 그대
눈빛 속

내가
숨질 곳 또한
바다 잠긴 그대의
넉넉한 가슴

담쑥 웃어 주는
그 눈빛으로
나를 품는 그대 가슴에
영원히
나를 묻고 싶어요

그리움

기어코
신열로 앓아누운 밤
맥을 짚는 사랑 하나
솟대 위에 걸어 놓고
젖은 풀더미에 불을 지핀다

가지도 오지도 못할
이 자리에 서서
꺼지지 않을
불씨 하나 품은 채
선 채로
이렇게 눈을 감으면

꿈으로나마 활활
불타 오를까

몸살난 초야의 흔적처럼

소금꽃으로 살라시면

결혼기념으로
선생님이 주신
돌 하나는

바람 타는 날들
꾹꾹 눌러가며
살라했던 돌인데

20년 동안
먼지 뒤집어 쓴
그 돌로
질항아리 속
오이지를 지질렀다

앙팡지게
누르고 앉아
엉덩이엔
소금꽃이 피었다

삼삼하게
이 세상 살려면
얼마나 더 간이 배어야 할까

아직도
싱겁게 두리번 두리번
내 삶은

무엇으로 눌러야
삼삼하게 간이 들까

4

꿈은 바다 건너에서 춤추고

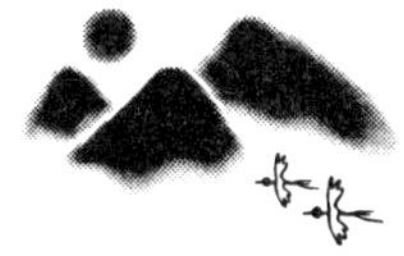

여왕두(女王頭)

바람에
흔들리는
나는
여린 촛불입니다

먼 발치에서
그대를 기다리다
내 몸은 녹아 내립니다

행여
나 없어지고
그대 오시면
텅 빈 바닷가를
어이 채워 달랠까요

내 노래에
부서지는
수평선도 금이 갑니다

* 여왕두 : 대만 이에류의 자연경관 중에 여왕의 머리를 닮아 '여왕두'라 불리우는데 안타깝게도 8년 후면 사라질 것이라 함

여왕두 · 2

바닷가에서
앉지도 날지도 못하고
모래밭에 절름이는 새

작열하는 태양
불에 지진 상처로
태평양 한가운데
까만 섬으로
내려앉은 새

달 뜨는 밤이면
하얀 꽃으로 피어
파도의 등을 타고
하늘로 날아오르는 새

지상에서
비상을 꿈꾸는
너는
새가 아닌 새

여왕두 · 3

지상에서
하나뿐인 각선미
누구나
입 벌리고 바라본다

햇빛도
미끄러지는
긴 목의 곡선

고고한 자태
발뒤꿈치
곧추 세운
우아한 발레리나

바람에
뛸 듯 날 듯
고요한 웃음에

관광객 갈채 소리
태평양을 넘는다

여왕두 · 4

생애의 가지 끝에
매달려 있는 그녀

와르르
무너지는
운명의 소리가 들린다

비집고 든 바람에
묻어나는
살점을 보아라

그녀의 각혈은
핏빛 노을로 타며 덮어오고

토해 내는 입김은
이에류의 어둠을 날려
하얗게 만들 만큼

운명의 발자국은 가까이 들린다

여왕두 · 5

바다는
오늘도 칼바람으로
그녀의 목을 치고

그녀는
살기 위한
몸부림을 친다

먼 길 달려와
첨벙
안기우는 바다

시간 따라
잔 물결로
자지러지게 웃다가

성난 파도로 부서져
가슴 저미는
눈물도 흘린다

끝내
바람 품은 그녀는
가슴에 새긴
사진 한 장으로 남고 말 것을

여왕두 · 6

남루한 치마
바다 깊이 둘러 입고
부시시 긴 머리로
서 있는 그녀

수평선 열린 문으로
하늘이
내려다 봐도
부끄럼을 모른다

마지막 한 오라기
실핏줄 하나로
버티고 서 있는 그녀

내일은 날개를 펴고
하늘을 날아 오르리라

정오의 햇살이
그녀 몸의
바코드를 환하게 찍고 간다

여왕두 · 7

억장이
무너지는 소리는
한 겹 두 겹
거품으로 깨어져 떠나가고

속으로 흐르는 아픔은
바람에
한 조각 두 조각 깨어져

목숨을
물고 날아간다

뜨고 지는 하늘을
서럽도록
모질게 바라보는
바다를
가슴에 품은

마지막 웃음을
해풍에 날리며 지는 꽃이여

여왕두 · 8

태평양도
그대 품속으로
들며 나며 숨을 쉰다

아득한 세월의 손에
다듬어진 몸매
목숨처럼 서 있다

바다처럼
흐르다가
바람처럼 살다가

그 한 몸
모두 깎이는 날

해맑은 웃음으로
쉴 곳을 찾아
고이 접고 떠나리니

여왕두 · 9

달빛 베어 먹던 그녀가
바람을 더듬더니
고래의 심호흡 희끗한 이빨을
어둠 밖으로 내민다
시간이 놓고 간 수많은 이야기들
하늘로 올라 별이 되고
그녀 머리 위로 뚝뚝 떨어진다
달빛에 무수히 살을 베었다

용산사

돌바닥에 꿇어 앉아
염불하는 주름진 노인
불상 앞에 절 올리는
젊은이들

하늘로 치솟는 향불에
낯선 도시는
운무 속에 갇힌다

가부좌하고 앉은
근엄한 저들이
우리를 어디로 데려가는 걸까

운무가 거느린 주술로
무릎이 닳고
허리가 굽어진 삶은
향불에 타들어 간다

용산사에 켜 놓은 등은
지금도 꺼지지 않고
내 마음을 태우고 있다

* 용산사 : 대만 타이페이 시내에 있는 절

천상의 봄

고도 천구백 육십
구름 밭으로
내려앉은 마음은
말강 말강한
시간의
지느러미를 타고
부풀어 오른
구름 속을
헤집고 다니다
만났습니다
돋아나는
연둣빛 날개
눈이 시린
봄 아기를
여기에서 만났습니다

— 대만 기내에서 만난 봄

촛대석

자비로운 손길로
편한 자리 틀고 앉아
촛대로 솟았구나

꽃등으로 녹물 씻어
눈이 감긴 세상 밝히려
천길 바닷속
뿌리 내리고
돋아나는 낮은 고요

물길 불길 다 녹이고
숨결 살아
하얀 속살 태우며
촛불이 층층이 일어선다

그 불길은
내 마음을 태우고
이에류의 세월도 태우고 있다

* 촛대석 : 대만 이에류의 해식 경관 중의 하나로 초의 심지는 석회질이 오랜 시간 바닷물에 침식되다가 점차 노출 해수의 격랑과 회전으로 형태를 이루었다고 한다.

5

그네 위에서 바라보는 언덕 저편

첫 시집을 준비하며

우주의 공간으로
숫자들 동동 떠 다닌다
더듬어 오르는 시간에
환한 꽃
눈부시게 달려들기를

산란하는 눈빛
침묵으로
쌓아 놓고

물 위에 그리는 시간들
꼼꼼히
손가락에 끼운다

치렁치렁
땋아 내리는 비명
무거운 외투 속으로 감추고

비밀번호
뚜벅뚜벅 걸어나온다

헌시

엄마 품속에
신비한
물레 있네

비단실 뽑아
사랑으로
무늬를 놓은

세월 바람에도
끊기지 않는
질긴 생명력

둥둥둥
신비한 북으로
비단을 짜놓고
불러본다

아들딸들아
먼 훗날
한 필씩 나누어 가렴

감꽃

야트막한 하늘은
어머니 가르마 속으로 달려와
흙담 밑
무우청 밭으로 들어선다

푸릇푸릇한
삶의 곰팡이를
짚수세미로 닦으시던
당신

가신 스레한 얼굴로
끊어질 듯한 실타래
가동그려 놓으시던
그 집

스레이트 지붕에 감꽃이 떨어진다

꽃잎 같던 살결에
돋는 검버섯은
이젠
무엇으로 닦으시나요

오늘도
방바닥만 진종일
닦으실 당신

뼈마디 관절에선
곰팡이 꽃이 피어나겠지요

당신은
그래야만 하는 줄 알았습니다

85년 1월 15일

낮이면
태양으로 떠올라
파란 아침을
싣고 오는 너의 웃음

밤이면
보름달로 떠올라
수많은 부재를
꽃밭으로 만드는 너의 눈동자

너는 나에게
심장의 파도를
가라앉히는
봄바람

마음의 얼음덩이를
풀어주는 햇솜

초음과 옹알이
배냇짓 웃음이
분명 어제인데

오늘
나라를 지키려 떠나간
너의
스물세 번째 생일은
나의 생일이란다

유정이 수유할 때

빛나는 아침에
눈뜨는
작은 천사의 미소

봄 산에
작은 입 오므린
개나리 꽃잎

깊은 산 물 숲
늦잠에서 깨어난
눈이 똘망한 사슴

둥그런 꿈을 어루만지며
엄마의
숨소리를 먹는다

관절

누군가
몰래 들어와
갱목 하나
빼어내
달아나는 놈

필사로
난
창을 들고
뒤쫓고 있지만

잡을 수 없는 도둑

글을 쓰면

글을 쓰면
글을 쓰고 있으면
반듯해지는 나
구겨짐이 펴지고
눅눅함이 가신다
내 삶의
거슬러 이는
거친 바람을
잠재워 주는
글을 쓰는 순간에
나는
호수가 되고
호수 위를
햇살은 흐른다
그러므로
카타르시스를 느끼는
축제이다

달팽이

버거운 삶을
짊어지고

가녀린 몸으로
길을 내며 간다

더 낮게
더 먼 길을

삼보 일배
기도를 하며

한 걸음 두 걸음
매질을 하며 간다

남한강 소묘

얼어붙은 호수는
불빛 산 그림자도
잃어버린 채
아무것도 비추지 않는다

내 이름 부르는 일이 늘 그러하였다

단단함의 사슬만이
날카롭게 부풀어
만삭의 배를 낳고

불명료한 것에 대한 침공이다

시작부터
반쪽의 인연으로 만난
질기디 질긴 정

터진 살갗
옹이진 몸
매운 바람에도
끊을 수 없어

남한강 호수는
오늘도
골다공증을 앓고 있다

나를 찾아서

주먹 구름 한 조각
삼악산 턱을 괼 때
강촌 옆 철길엔
햇살 털어낸 오후를 싣고
춘천행 기차가 달린다

산 그림자 여울진
의암은 초연한데
구름 모자 눌러쓴
산 봉우리들

은빛 햇살 간절함에
눈을 감고
켜켜이 앉은 어둠
가로등 아래
춘천의 속살들이
보석처럼 반짝인다

이른 새벽 실바람에
설레는 코스모스
조심스레 날 깨우는
가녀린 몸짓에

긴 밤 내 가슴앓이
햇살에 녹아
내 나를 사랑하는
백합으로 핀다

한국작가 작품선 · 15 박수희 시집
봄밤을 마신다

초판1쇄 인쇄 · 2007년 8월 25일
초판1쇄 발행 · 2007년 8월 30일

지은이 · 박수희
펴낸이 · 김영만

펴낸곳 · 한국작가출판부 지성의샘
등록번호 · 제4-233호

주소 · 서울시 마포구 합정동 378-1
편집부 · (02) 2285-0711
영업부 · (02) 338-2734
팩스 · (02) 338-2722
이메일 · gongamsa@hanmail.net

값 7,000원

ISBN 89-85345-70-5 03810